AF216537

Wohin?
Warum?
Wie war's?

Gardasee

Auf die billige Tour

Ute Fischer
Bernhard Siegmund

Ein Buch aus dem

Redaktionsbüro Fischer + Siegmund
In den Rödern 13
64354 Reinheim

Fotos: Fischer (), Siegmund ()

Das Buch wurde nach bestem Wissen zusammengestellt. Für die Richtigkeit der beschriebenen Angaben wird keine Gewähr übernommen

ISBN: 978-3-7392-4299-6

Herstellung und Verlag: BoD- Books on Demand, Norderstedt

Wohin – warum – wie war`s?
Unsere Reise zum Gardasee
Vorwort

Dies ist kein übliches Reise-Buch. Zwar waren wir als Reisejournalisten Jahrzehnte lang unterwegs, geübt in Reiserecherche und Reisereportagen. Doch diese Geschichte ist eine private, nicht unbedingt objektiv, sondern eher sehr subjektiv, wie man eben private Reisen empfindet. Das spiegelt sich wider in den Flops und Tops, die wir erlebten. Kurz: Wir haben uns als Reisende selbst aufs Maul geschaut, uns selbst zugehört und unsere Gefühle reflektiert, ohne Rücksicht auf irgendjemanden und irgendetwas, außer auf uns selbst.

Gardasee ist bereits das zehnte Buch dieser Reihe. Wenn wir von Reisen heimkehren, suchen wir immer nach einer erschöpfenden Antwort auf die Frage: „Wie war`s?" Wer selbst reist, weiß, dass es darauf keine einfache, vor allem kurze Antwort geben kann. Klar. Schön war`s. Und aufregend. Und ganz anders, als erwartet. Das alleine wäre aber ein ärmliches Fazit und könnte nicht einmal ansatzweise beschreiben, wie unsere Gardasee-Reise verlief. Fahren Sie doch einfach mal selbst hin!

Gardasee auf die billige Tour

Der vierseitige Prospekt von Trend Tours war beeindruckend und begeisternd. Lago di Garda & Verona. Am Gardasee waren wir als Vielreiser noch nie. Und dann auch noch inklusive einer Opernvorstellung in der Arena von Verona. Zwölf der 26 Farbabbildungen drehten sich um die Freilichtaufführung. Versprochen war: Großes Erlebnisprogramm. Drei Mal Abendessen. Eine fünftägige Erlebnis-Busreise schon ab 349 Euro. Wir hätten es ahnen müssen: Das konnte nicht gut ausgehen.

Andererseits kann eine Reise im gleichen Jahr mit Trendtours als durchaus gelungen bezeichnet werden. Wir reisten nach Apulien. Zwar mussten wir auch hier immer wieder Abstriche machen, mit zusätzlichen Ausgaben dafür sorgen, dass die Reise wirklich ein Genuss wurde. Wen es interessiert, der findet am Ende dieses Büchleins unseren ehrlichen, kritischen Reisebericht. Die Reise zum Gardasee hingegen war von Anfang bis Ende so, dass man diese Tage eigentlich am besten abhakt, abbucht auf Konto Erfahrung. Weil wir aber grundsätzlich positivdenkende Menschen sind und während der Reise fleißig Notizen machten, ziehen wir hier eine Bilanz.

Gebucht hatten wir die Reise vom 23. bis 27.

August schon im März. Die Anzahlung in Höhe von 115,60 Euro war sofort fällig. Okay. Doch bis zur eigentlichen Abreise war noch viel Zeit für andere Pläne, unter anderem jene Reise nach Apulien. Aber auch auf die Insel Jersey wollten wir Ende Juli mit Trendtours. Die wöchentlich eintrudelnden bebilderten Reiseprospekte waren wirklich sehr verführerisch. Umso enttäuschter waren wir, als Jersey abgesagt wurde. Kann ja passieren, dass nicht genügend Teilnehmer zusammenkommen. Also switchten wir unserer Reiseplanung für dieses Jahr etwas um.

Eigentlich wollten wir schon länger mal in die Dolomiten fahren. Auch dazu gibt es inzwischen ein Buch in unserer Reihe „Wohin? Warum? Wie war`s?" Und dann kamen wir auf die intelligente Idee, die Dolomitenreise mit dem Gardasee zu verknüpfen; denn die Anreise nach Bozen war in jedem Fall die Gleiche. Wir buchten also die Bahnfahrt von Darmstadt nach Bozen, einen Leihwagen für eine Woche und ein Hotel in den Dolomiten. Eigentlich hätte das alles ganz einfach machbar sein können. Wäre da nicht Trendtours und seine jederzeit belegte Service-Telefonnummer 01807-23 11 11. Sinnlos. Keine Chance, jemanden ans Telefon zu bekommen. Also schickten wir eine

E-Mail, dass wir nicht mit dem Trendtours-Bus von Darmstadt nach Bozen fahren würden, sondern am 23. August bereits im Zielgebiet weilen würden. Wir bräuchten die Adresse des Hotels, um zur Reisegruppe zu gelangen. Keine Antwort.

Problem war, dass Trendtours nicht einmal den Ort des Reisebeginns in seinem Prospekt hatte, sondern nur die vage Angabe: „ausgewähltes Mittelklassehotel im Trentiner Land oder im Raum Gardasee". Es war uns zwar klar, dass wir dorthin auf eigene Kosten anreisen müssten, aber wohin? Wir hatten vereinbart, dass wir den Leihwagen am 23. August in Bozen zurückgeben. Es gibt gute Bahn- und Busverbindungen ins „Trentiner Land" und in den „Raum Gardasee". Aber....

Wir schrieben nun an den Geschäftsführer und baten um präzise Angaben. Als Antwort erhielten wir per E-Mail, dass das Hotel erst kurz vor Reisebeginn feststehen werde, wir würden die Adresse mit den Reiseunterlagen zehn Tage vor der Abreise erhalten. Wir schrieben, dass das zu spät sein werde, da wir bereits vierzehn Tage vorher abreisen und die angekündigten Reiseunterlagen nicht erhalten würden. Keine Antwort. Wieder schrieben wir per E-Mail und Briefpost an den Geschäftsführer und schilderten unsere Notsituation. Wir baten wenigstens um die Handynummer des Reiseleiters, um von unterwegs erfahren zu können, in welchem Ort und in welchem Hotel wir untergebracht sein würden. Keine Antwort.

Am 10. August erhielten wir die sogenannte Reiseunterlage: ein Briefblatt, in dem Abfahrtsort und Abfahrtszeit am 23. August in Darmstadt vermerkt war, aber nicht Ort und Hotel. Allerdings war das Busunternehmen vermerkt. Wir schöpften Hoffnung und riefen dort an. Antwort: Die wussten auch noch nicht, wohin sie fahren sollten. Toll. Nachdem die Servicenummer ausnahmslos nicht erreichbar war, griffen wir zu einer bereits praktizierten List: Wir riefen die Telefonnummer an, unter der man bei Trendtours Reisen buchen kann. Ratzfatz war jemand am Telefon. Wir erklärten unsere Not, dass wir nun innerhalb der nächsten zwei Tage eine kompetente Auskunft bräuchten. Wieder wurden wir auf die Servicenummer verwiesen. Als ich dem Herrn am Telefon klarmachte, dass diese Auskunft nicht zielführend sei, wurde er richtig frech. Ich fragte nach seinem Namen. Er: „Weil sie so unhöflich sind, sage ich ihn den nicht" und legte auf.

Inzwischen hatten wir die Reise zum Gardasee

innerlich abgehakt. Klar würden wir keinen Cent Rückzahlung sehen. Wer so mit seinen Kunden umgeht, der reagiert- selbst wenn er im Unrecht ist – auf nichts. Und wegen zwei Mal 349 Euro zu Gericht rennen, hatten wir auch nicht vor. Trotzdem wagte ich noch einen Versuch: wieder mit Schreiben an den Geschäftsführer, per E-Mail verschickt und per Briefpost. Tatsächlich erhielten wir am 14. August, also zwei Tage vor unserer Abreise, eine Mail, in der man uns sogar um Entschuldigung wegen der „langen Bearbeitungszeit" bat. Darin stand endlich die Hoteladresse. Aber: unter Vorbehalt! Die Telefonnummer des Gästebetreuers könne man uns aber nicht mitteilen, „da unsere Gästebetreuer sich die Hotels immer erst einige Tage vorher untereinander aufteilen". Man wolle aber unsere Anfrage auf Wiedervorlage setzen und uns Anfang der nächsten Woche den Kontakt per E-Mail mitteilen. Dass wir diese E-Mail gar nicht mehr erhalten würden, war verschütt gegangen. Wir unternahmen noch einen letzten Versuch und teilten Trendtours mit, in welchem Hotel - übrigens im Trentiner Land - wir uns eine Woche vor der Gardasee-Reise befinden würden und somit Änderungsdaten dort empfangen könnten. So viel als Vorspiel.

Unsere Reise zum Gardasee

Sie beginnt in Bozen. Die Autoübergabe bei der Vermietung geschieht reizlos. Vorher volltanken und dann das City-Parkhaus wiederfinden. Abstellen in Ebene 4. Ausräumen. Alles okay. Auf dem Weg aus dem Parkhaus kommt uns der Angestellte der Autovermietung entgegen. Er hat sein Verleihbüro auf Bahnsteig 1 im Bahnhof. Prima. Wir übergeben also den Schlüssel und machen uns trotzdem auf den Weg zum Bahnhof; denn dort müssen wir das Busticket für unser Trendtours-Domizil in Cavedago lösen. Zwei Tage vor Abreise hatten wir endlich die Adresse erhalten. Alle Stunden fahre ein Bus, hatte ich vorher bereits ausgekundschaftet. Wir überlegen, ob wir das Gepäck unterstellen und uns erst noch ein wenig Bozen anschauen. Denn der Bus aus Darmstadt mit den restlichen Reisenden könne frühestens am Spätnachmittag eintreffen.

Am Fahrkartenschalter erfahre ich, dass die Anreise nach Cavedago ganz anders verlaufen werde; nämlich mit dem Zug nach Mezzocorona und von dort weiter mit dem Bus. Egal. Der nächste Zug fahre um 11.36 Uhr von Gleis 5, also in 30 Minuten. Kosten: 12 Euro für beide. Also machen wir es uns in der herrlichen Augustsonne auf dem Bahnsteig bequem, essen unser letztes Äpfelchen und freuen uns auf den Gardasee. Dass jener von Cavedago über eine Busstunde entfernt liegt, wussten wir. Jedoch die Lage am Fuße der Brenta-Gruppe, höchste Erhebung 3.150 Meter, versprach fotogenes Panorama bei der Anreise und am Standort.

Mezzocorona

Mezzocorona im Etschtal liegt etwa 20 Kilometer nördlich von der gleichnamigen Provinzhauptstadt Trient. Bis 1902 hieß der Ort Mezzotedesco – übersetzt „Halb deutsch". Erster Gedanke: Benito Mussolini. Aber falsch. Die Umbenennungen mehrerer Orte fanden bereits unter König Viktor Emanuel III. statt. Mezzocorona ist ein Weinort. Schon bei der Anfahrt sahen wir die weit ausgebreiteten Weingärten. Hier wachsen Pino Grigio, Sauvignon Blanc, Müller-Thurgau, Gewürztraminer und Moscato Giallo als Weißweine; dazu Rotweine wie Merlot, Cabernet Sauvignon, Pino Nero, Lagrein und Schiava. Auch einen seltenen Lagrein Rosato bekommt man hier. Schade, für uns ist es nur eine Umsteigestation. Trotzdem ordere ich in dem Bahnhofskiosk, je einen Cappuccino und ein Glas Merlot für zwei. Bei dem Preis – zusammen sechs Euro – kann man nichts sagen. Trotzdem scheint der Tourismus hier noch nicht stark ausgebrochen zu sein.

Der Bus Richtung Cavedago ist pünktlich. Der Busfahrer springt heraus und verstaut unsere Koffer im Bauch des Busses. Wir setzen uns ganz vorne hin, damit wir die Haltestelle nicht verpassen. Der Busfahrer nimmt das als Angebot und fängt sofort zu fragen an. Woher wir kommen, wohin wir wollen. Ob wir es hier schön finden. Ich klaube meine kleinen Italienisch-Kenntnisse zusammen und versuche – halb deutsch – halb italienisch- zu antworten. Ein paar Brocken Deutsch kann er auch. Wir fahren entlang von weitflächigen Weingärten und Apfelplantagen; was für ein Paradies. Alles ist grün. Das fällt uns umso mehr auf, weil zuhause Gärten und Parks im Braun versinken, weil – wie bekannt ist - der Sommer 2018 arg heiß und ohne Regen war und das über viele Wochen.

Wir werden unruhig, weil dem Busfahrer unser Hotel gänzlich unbekannt ist, obwohl er seit Jahren täglich hier fährt. Ein Omen? Im Ort mit nur einer Haltestelle lässt er uns raus und ruft hinter einer jungen Dame her, ob sie das Hotel kenne. Sie kennt es. Wir bedanken uns beim Busfahrer, winken ihm noch hinterher und machen uns auf die Suche. Und tatsächlich finden wir an der Hauptstraße einen Wegweiser zum Hotel.

Alle Rose, deutsch: Bei den Rosen

Es sind nur etwa 300 Meter einen leichten Berg

hinauf, da stehen wir vor dem vierstöckigen Haus. Es sieht aus, wie ein normales Wohnhaus. Erst von der Seite sieht man den langen Wintergarten-Anbau, der in der Webseite (www.hotelallerose.it) einen ganz anderen, moderneren Eindruck vom Hotel vermittelt.

Cavedago hat nur 526 Einwohner und liegt auf einer Hochebene des Paganella-Massivs. Beim Googlen erkannten wir, dass es hier wenigstens fünf gute Hotels in der Umgebung gibt. Unseres wird nicht genannt. Das „Alle Rose" liegt in einer Sackgasse, das verspricht den Vorteil, dass es keinen Durchgangsverkehr geben wird. Rosen suchen wir vergeblich. Es ist 14 Uhr, als wir ankommen. Noch schwingt in uns die Sorge, Trendtours habe das Hotel im letzten Moment doch noch geändert und wir stehen hier auf verlorenem Posten. Aber nein. Alles okay. Wir erklären, dass wir zu dieser Reisegruppe gehören und warum wir schon eher da sind. Unsere frühe Ankunft erweist sich als Pluspunkt. Wie wir später mitbekommen, haben wir wohl das schönste Zimmer abbekommen: 1. Stock. Balkon. Nur die wenigsten Zimmer haben einen Balkon. Wir werden trotzdem keine Zeit haben, ihn zu genießen, weil unser Programm ja voll ist und wir die meiste Zeit im Bus verbringen werden. Wir haben alles,

was wir benötigen; sogar ein Bidet. Die Kopf-
kissen sind wie fast überall überdimensioniert.
Aber wir haben ja unsre eigenen dabei. Also
machen wir uns frisch und ziehen auf Entde-
ckungstour los. In der Ferne sahen wir vier
ziemlich gleiche Häuser, die aussehen wie Ferienwohnungen. Wie Zinnen thronen sie auf der
Paganella-Ebene und haben sicher den im Internet avisierten Blick auf die Brenta-Gruppe.
Zwischen jenen Ferien-Dependancen und unserem Hotel breiten sich ein abgeerntetes Feld
und kleine, nicht eingezäunte Gartenparzellen

mit Kürbissen und
Mangold aus. Leider
ist das eine Sackgasse
und wir gehen den
gleichen Weg zurück
in den eigentlichen
Ort.

Kurz vor der Haupt-
straße steht die ver-
schlossene Kirche;
davor ein sehr mo-
dernes, naturalisti-
sches Kriegerdenk-
mal: Ein Soldat mit
nacktem Oberkörper,
dem im Sterben – den

Blick unfassbar in den Himmel gerichtet - das Gewehr aus der Hand fällt. Berührend.

Das Dorf ist nicht lang. Unter der Straße fällt der Hang steil ab. Die Brenta-Gruppe liegt im sanften Hitzedunst. Kein Mensch auf der Straße am Donnerstagnachmittag. Die meisten sind wohl arbeiten in den Wein- und Apfelgärten von Mezzocorona oder Molveno, das mit seinem gleichnamigen See vermutlich mehr Urlauber anzieht als Cavedago.

Die Hessen kommen

So um 17 Uhr schiebt sich ein roter Bus um die Kurve. Tatsächlich aus Darmstadt. Wir winken schon mal prophylaktisch, auch wenn die Insassen nicht wissen können, wer ihnen da zuwinkt. Einige winken sogar zurück. Also ge-

hen wir zurück zum Hotel, um unsere Reise-gruppe zu begrüßen. Der Busfahrer springt ins Haus und kommt zurück. Solange ist keiner der Passagiere ausgestiegen. Wollte er erst mal fragen, ob das Hotel das richtige ist? Es dauert lange, bis die ersten aussteigen, sich recken und strecken. Freilich war das eine lange Fahrt. Al-leine die aus Darmstadt kommenden mussten um 4.15 Uhr in der Früh losfahren. Bei den aus Offenbach und Aschaffenburg mit Shuttle Hinzugekommenen war es kurz nach Mitter-nacht. Sie seien gar nicht mehr schlafen gegan-gen, erzählen sie. Da war es für uns beide doch bequemer. Wir konnten ausschlafen und be-quem um 9.00 Uhr vom Pordoi-Pass nach Bo-zen fahren.

Wir mischen uns unter die Angekommenen und erfahren, dass noch ein weiteres Paar hin-zukommen werde. Wir erklären den verschie-denen Grüppchen mehrfach, dass wir das sind. Dann verteilen sich alle auf ihre Zimmer. Wir verziehen uns auch und probieren, ob wir Deutsches Fernsehen reinbekommen. Okay. Geht.

Um 18 Uhr sollen wir uns im Wintergarten treffen zum Begrüßungs-Drink. Es ist eine un-definierbare süße Flüssigkeit in Plastikbechern. Eine Dame begrüßt uns im Namen von Trendtours und kündigt für den Abend den zuständigen Reiseleiter an: Aha, Guiseppe. Oder Siggi? So genau sei das nicht bekannt, weil heute mehrere Trendtours-Busse für das Ziel Gardasee angekommen seien??? Und die müssten sich nun von Hotel zu Hotel bewegen, um den Angekommenen zu erklären, was Sache ist und wie es weitergeht. Uns ist dann doch Sigi zum Frühstück angekündigt. Abfahrt um 8.30 Uhr; das sei schon mal klar.

Abendessen um 19 Uhr

Das stand zumindest auf einem Stück Papier an der verschlossenen Türe des Speisesaals. Er ist um 19 Uhr noch nicht einmal geöffnet; deshalb verteilen sich die Hungrigen in den Wintergarten. Im Speisesaal hätten sowieso nicht alle Platz, denn dort ist für zweierlei Gäste eingedeckt: weiße Papierservietten für Trendtours-Gäste, blaue für Privatgäste. Der Rest zieht in den Wintergarten, wo die Temperaturen angenehmer sind. Aber umziehen geht nicht. Wir müssen – so sagt man uns – nun immer am gleichen Tisch sitzen. Basta.

Ein großer Tisch mit Salat ist aufgebaut; überwiegend ein Riesenbottich mit geraspelten Möhren, weniger von Tomaten, Gurken, grüne Blattsalate. Daneben ein Schild: Salat 2 Euro.

Privatgäste können sich dort bedienen. Trend-tours-Gäste werden also zusätzlich abkassiert. Als das Essen serviert wird, bemerken wir ebenfalls, dass am Nebentisch anderes serviert wird. Peinlich. Wir kommen uns vor, wie Almosenempfänger. Auch unsere Getränke werden erst serviert, als alle Privatgäste mit Essen beginnen. Unsere Vorspeise, angeblich Pasta irgendetwas, scheint zwar das gleiche zu sein, aber kleiner. Der angebliche Schinken der darin sein soll, lässt sich nur mühsam finden. So ist es auch mit dem Hauptgericht. Ich weiß nicht mehr, was es war, weil ich es mangels Attraktivität stehen ließ. Auch für das Dessert interessiere ich mich nicht mehr: irgendeine undefinierbare Creme in einem lachsfarbenem Plastikförmchen. Die Gäste am Nachbartisch sind ein junges italienisches Paar mit Zwillingsbuben, die Mama und Papa ganz schön auf die Nerven gehen. Uns amüsiert eher, wie die zwei ihre Eltern ausspielen, sich mit Essen so lange verweigern, bis sie gefüttert werden. Dabei sind die sicher fünf Jahre alt. Das Personal wirkt unfreundlich und gestresst. Ich habe niemanden in diesen Tagen lächeln gesehen, auch nicht, wenn wir fünf Euro Trinkgeld zahlten.

Durch eine Türe zur Küche sind mehrere Frauen auszumachen. Es scheint also selbst gekocht zu werden, was im Grunde auch billiger ist als Convenience-Produkte. Alle sehen mit ihren Hausfrauen-Schürzen aus, wie Nachbarinnen aus dem Dorf, die aushelfen. Nur eine einzige Person trägt eine weinrote Küchenmontur, sogar mit Häubchen. Später entdecke ich die rundliche Frau auch hinter der Rezeption. Es scheint die Inhaberin zu sein. Vorgestellt hat sie sich uns nicht. Sie macht einen mürrischen Eindruck. Ich habe großes Verständnis mit ihr beim Gedanken, dass sie von Trendtours vermutlich mehr erpresst als gebucht wurde, uns aufzunehmen. Zumindest lässt ihr starrer Blick bei unserem Anblick solche Spekulationen aufkommen.

Wir bezahlen unsere Getränke und verziehen uns mit den halbvollen Gläsern in den Wintergarten, auch in der Hoffnung, schon mal erste Bekanntschaften zu schließen. Wir setzen uns zu einem Paar und stellen uns mit Namen vor. Man lädt uns zwar ein, Platz am Tisch zu nehmen, aber im Grunde reden alle durcheinander weiter und nehmen kaum Notiz von uns. Sie gehen. Nachordern können wir nicht. Es kommt niemand vorbei und fragt, ob wir etwa noch Wünsche hätten. Wir prosten uns selbst zu und beenden diesen Tag mit einem resümierenden Gespräch. Die sind halt alle sehr müde.

Das Hotel erwacht

Das Hotel ist unglaublich laut; das merken wir erst, als wir zur Ruhe kommen und schlafen wollen. Zum einen scheint die italienische Zwillingsfamilie auf unserer Etage zu wohnen. Es klingt, als reißen die beiden Buben abwechselnd aus und müssen eingefangen werden. Die Türen haben keine Schalldichtungen. Jedes Schließen der Türe erzeugt ein lautes Geräusch. So geht das bis Mitternacht. Noch immer ertönen aus der Tiefe des Gebäudes schrille Frauenschreie, was sich wie Kreischen, Lachen und Weinen zugleich anhört. Und um 7 Uhr beginnt das Türeklappen erneut. Naja, wir sind ja nicht zu Erholung gekommen.

2. Tag

Während des Frühstücks erscheint also Guiseppe, ein stämmiger Sechziger, der uns nochmals begrüßt und einen Reiseverlauf ankündigt, der sich nach ausgeleierter Fließband-Begrüßung anhört. Man begreift, dass er diese Leier täglich abspulen muss. Sein Deutsch ist schwer verständlich. Armer Guiseppe. Warum hat ihn noch nie jemand gesagt, dass der Ausdruck „gebrannt" ungeeignet ist, um auszudrücken, dass etwas geordnet und arrangiert sei. Immerhin gibt er uns seine Handynummer: 0039-3486924513. Für alle Fälle.

Ach ja das Frühstück. Es ist ungeeignet, dass man auf Reisen zunehmen könnte. Das Interessanteste ist noch ein Butterklotz, an dem sich jeder abschneiden kann, was er will. Dazu gibt es auf zwei Platten hauchdünn aufgeschnittenes Formfleisch mit Schinkenmaserung und ebenfalls hauchdünnen viereckigen holländischen Industriekäse; dazu Mischbrotscheiben. Ich beschränke mich auf ein Hörnchen (Cornetto), wie es den Italienern am Morgen genügt. Es sind auch Marmeladendöschen da und allerlei Kuchenstückchen. Auch irgendein farbiges Wasser, das ich auch in guten Hotels „Morgensaft" nenne. Kein Obst. Und das im größten Apfelanbaugebiet Europas, die meisten baumeln schon reif an den Ästen. Der Kaffeeautomat ist defekt. Kaffee gibt es aus einem Großtank, heißes Wasser für den Tee aus einer Thermoskanne. Einige Gäste, die sich woanders als am Abend hinsetzen wollen, werden verscheucht; dies seien reservierte Plätze. Wir rekapitulieren: Diese Plätze sind für ordentlich zahlende Gäste. Das sind wir nicht. Siehe Preis Seite…..

Und dann verweist Guiseppe auf das Sonderprogramm von heute: Busfahrt nach Riva di Garda, Bootsausflug auf dem Gardasee nach Limone und Malcésine. 59 Euro. Ja, wir hatten uns bereits in Deutschland dafür angemeldet. Nun müssen wir bezahlen. Und den Ausflug nach Bozen am letzten Tag hatten wir auch schon angemeldet. Ja, 99 Euro zusammen. Guiseppe hat ausreichend Ein-Euro-Münzen, um auf die vielen Hunderter herausgeben zu können. Eben Fließband.

Zum Gardasee

Egal. Wir finden uns im Bus ein. Unseren Busfahrer Robert Jaros nennen einige Rocky. Schon nach einem Tag sind alle begeistert von ihm. Bereits auf der Hinfahrt habe er sich fürsorglich um die Gäste gekümmert. Er bunkert für uns Wasser, Apfelschorle, Bier, Wein und Sekt an Bord. Um die Bezahlung zu entkrampfen, hat er sogenannte Verzehrkärtchen mit aufgedruckten Preisen vorbereitet, die man für 10 oder 20 Euro kauft und von denen dann abgekreuzt wird, was man schon verzehrt hat.

Im Bus stellt sich nun auch die Reiseleiterin vor: Violetta. Ihr Deutsch klingt kroatisch. Dagegen ist nichts zu sagen. Aber ihre Sätze wirken irgendwie auswendig gelernt oder abgelesen; kein Wunder, wenn man alle paar Tage das Gleiche wieder sagen muss. Auch sie scheint kein sprachliches Korrektiv zu haben, denn sie spricht Handfläche aus wie „Hendflecke", womit sie die Blütengröße der Königsmagnolie umschreibt. Unser Bus kurvt die engen Serpentinen hinunter nach Mezzolombardo.

Mezzolombardo

Mezzolombardo, rund 7.000 Einwohner, liegt wenige Kilometer südlich von Mezzocorona und hatte auch mal einen deutschen Namen, nämlich Welsch-Metz. Das Dorf entlang des alten Weges zwischen Nonstal und Etschtal liegt am Fuße des Monte Fausior, der zum Paganella-Bergmassiv gehört. Der bekannteste Wein ist der Teroldego Rotaliano aus der Kellerei Rotaliana. Von den angeblich wunderschönen Herrenhäusern aus dem 18. und 20. Jahrhundert sehen und hören wir nichts. Dafür erzählt Violetta, dass der Vatikan 70 Prozent der Mautgebühren von italienischen Autobahnen kassiere.

Wieder geht es durch Weingärten und Apfelplantagen; wirklich lückenlos und fast schon langweilig. Wir passieren Trient, die Provinzhauptstadt, und sehen davon eigentlich nur einen künstlichen Berg, der aus Müll aufgetürmt wird. Trient mit knapp 120.000 Einwohnern ist die drittgrößer Stadt der Alpen, zugleich Hauptstadt des Trentino und der autonomen Region Trentino-Südtirol, sowie die am nördlichsten gelegene Verwaltungsregion Italiens. Die Stadt hat eine Universität mit 16.000 Studenten.

Nun geht es auf den Gardasee zu. Violetta zeigt uns, wo sich Ex-Postchef Zumwinkel in eine Burg zurückgezogen hat. Bald werden wir den Bus verlassen, deshalb „…nehmen, was sie brauchen mit!"

Gardasee

Er liegt wie eine bunte Ansichtskarte vor uns. Blau. Er ist der größte See Italiens, geformt durch einen Seitenast des Etschgletschers und gespeist von mehreren Flüssen und Bächen, hauptsächlich vom Fluss Sarca, der sich bei Arco und Torbole ergießt. Seine Fläche beträgt knapp 370 Quadratkilometer; 51 Kilometer lang, im Norden etwa vier Kilometer breit, im Süden 17 Kilometer. An seiner tiefsten Stelle misst er 346 Meter. Für die Fahrt außen herum muss man 158 Kilometer veranschlagen. Der nördliche Teil gehört zur Provinz Trentino, der südöstliche zu Venetien, der südwestliche zur Lombardei. Das westliche Ufer von Riva bis Saló nennt sich Gardesana Occidentale, der Name einer alten Staatsstraße. Ursprünglich befanden sich in diesem Streckenabschnitt über 70 Tunnel- und Galeriebauwerke, die man teilweise noch sieht.

Am Gardasee ließen und lassen sich auch heute noch viel Prominente und Wohlhabende nieder. Entsprechend pittoresk zeigen sich die bunten Villen mit Türmchen und Arkaden. Ja, so hatten wir uns das vorgestellt nach Erzählungen der Surfer, für die in den 80er Jahren der Gardasee das Paradies war. Heute drängen

sich vor allem ältere Herrschaften um ihre Reiseführer. Violetta hält einen rotkarierten Knirps als Erkennungszeichen in die Höhe, beschreibt uns den Weg zur Toilette und dann ab zum Schiff. Ein bisschen Gedränge herrscht auf dem Oberdeck; aber jeder findet ein Plätzchen.

Der Fahrtwind bietet an diesem über 30 Grad

heißen Tag eine herrliche Erfrischung. Freilich cremen wir uns unverzüglich mit Sonnenschutz ein. Unser Angebot an andere wird gerne angenommen. Unsere Tour geht nach Limone. Der Name hat nichts mit Limonen zu tun, sondern leitet sich von Limes, also Grenze ab. Denn einst endete in Limone die Republik Venedig. Heute gehört Limone zur Provinz Brescia in der Lombardei.

Limone sul Garda

Das ehemalige Fischerdorf hat heute 1200 Einwohner und widmet sich ausschließlich dem Tourismus. Es gibt einige moderne Hotels und viele Ferienwohnungen. Und wo man geht und steht wird man mit Souvenirs mit Zitronen-Design konfrontiert. Na ja, wer es nicht besser weiß! In der einen Stunde Aufenthalt

spazieren wir durch den eng am Hang gebauten Ort. Überall sitzen die Touristen bei Cappuccino und Wein. Was soll man auch sonst in einer Stunde machen. Wir kaufen uns ein Stück Pizza und finden ein lauschiges Plätzchen auf einer Bank auf dem Zwischenabsatz einer steilen Steintreppe. Wasser haben wir dabei. Wir beobachten die Urlauber, wie sie sich an angebotenen Kleidern und Handtaschen begeistern und das zum Teil mit gefährlich hohen Stiletto-Sandalen. Ja, als wir jünger waren, fand ich die Mode im Ausland auch exotisch und toll.

Wir gehen zurück zum Hafen, wo sich schon alle Mitreisenden versammelt haben. Dann holt uns das Boot über den See nach Malcésine.

Malcésine.

Die 3.700 Einwohner zählende Gemeinde am Ostufer des Gardasees gehört zur Provinz Verona und drängt sich um einen Berg mit Burg. Auch hier geht es um Tourismus pur. Unsere Reiseleiterin führt uns zielstrebig in ein größeres Restaurant unter Sonnenschirmen. Was sollen wir auch anders tun, als uns dem Tipp anzuschließen. Wir wissen nicht, wo man sonst noch gut essen könnte. Okay, es gibt italienische Spezialitäten wie Spaghetti in allen Variationen, Saltimbocca, große Salatteller, gut

27

gekühlten Rosato und kostenlose Toiletten. Es schmeckt gut und ist nicht überteuert. Von Malcésine erfahren wir nichts, sehen wir nichts. Erst zuhause kommt uns die Erleuchtung, warum uns der Ort so bekannt vorkam. Der österreichische Künstler Gustav Klimt ließ sich während eines Urlaubs 1913 in Malcèsine inspirieren. Es gibt etliche Motive von ihm, die in

Malcèsine und Umgebung entstanden. Eines ist sogar auf einem Seidenschal verewigt, dass derzeit in verschiedenen Tageszeitungen für 84 Euro angeboten wird. Klimt war einer der bedeutenden Künstler des Wiener Jugenstil und Gründungspräsident der Wiener Sezession. Bekannt unter anderem: Der Kuss. Unsere Reiseleiterin weiß davon allerdings nichts.

Schon bei der Anlandung sahen wir auf einem Felsvorsprung die Scaligerburg* direkt am Ufer. Weiß und mit rötlichen Zinnen. An der Ostseite liegt direkt unterhalb der Burg die mit einem Zeltdach überdachte Freilichtbühne Lacaór. Es wird vermutet, dass Ansätze der Burg bereits in der Eisenzeit existierten. Im 6. Jahrhundert bastelten die Langobarden daraus Anfänge der heutigen Festung. Aber es bleibt keine Zeit, sie anzuschauen. Besichtigung ist nicht vorgesehen. Übrigens soll Goethe 1786 während seiner Italienischen Reise hier sogar wegen Spionageverdachts kurzzeitig verhaftet worden sein, weil er die Burg gezeichnet habe. Irgendwo am Hafen soll es eine Goethe-Büste geben. Aber wir werden zum Bus getrieben. Angekündigt ist eine Weinverkostung. Nun denn. Wir müssen ja nicht fahren.

Weinprobe

Das Weingut der Famiglia Marsilli liegt wenige Kilometer landeinwärts in der Nähe von San Valentino, irgendwo in der Pampa. Man findet es in keiner Landkarte. Ein riesiges weißes Zelt ist mit vielen Tischen und ein paar Hundert Stühlen bestückt, so dass wir schon ahnen, dass wir nicht die einzigen sind. Immer mehr Busse kommen an und das Zelt füllt sich. Eine sehr gut deutsch sprechende junge Frau kündigt an, dass wir vier verschiedene Weine kosten dürfen, dass man hier auch Käse und Olivenöl herstelle. Wir kosten. Der Wein ist gut. Einige kaufen ein. Bei dem eingeschweißten Käse sind die Inhaltsstoffe nur auf Italienisch angegeben. Da es sich um Käse mit Zusätzen von Kräutern handelt, müssen also Konservierungsstoffe eingebracht werden. Das wird heftig verneint. Ich rege mich nicht auf, dass ich als unwissende Endverbraucherin eingeschätzt werde und verzichte.

Das mit Olivenöl getränkte Weißbrot, das auf Tellern hingestellt wird, dient als Schwips-Bremse. Wir, die wir jedes Jahr Olivenöl aus Kreta in Kanistern kaufen wissen: Unser Öl schmeckt besser. Dieses hier hat einen bitteren Nachgeschmack. Wer nicht regelmäßig Olivenöl verwendet und es, wie wir, sich als Geschmacksverfeinerung sogar bei Tisch noch aufs Essen träufelt, kennt nicht die Feinheiten und hat auch keinen Geschmack dafür. Es ist Olivenöl auf Weißbrot. Punkt.

Die ersten Gäste verschwinden fast heimlich aus dem Zelt und gehen lieber spazieren. Als es immer leerer wird, rafft sich auch unsere Reiseleiterin auf und bittet uns zur Heimfahrt. Ich komme mir vor, wie auf einer Türkei-Reise, wo wir bei arrangierten Touren stets durch eine

Lederfabrik, eine Teppichweberei und möglichst noch ein Schmuck-Großgeschäft getrieben wurden. Auch das ist wohl dem günstigen Preis für die Gardasee-Reise geschuldet.

Die Heimfahrt verläuft vorbei an Rovereto und wieder Trient; zwar auf der Autobahn, aber die Landschaft mit den Weingärten und Apfelplantagen am Fuße schöner Wanderberge tut den Augen gut. Südtirol. Schön.

Abendessen Nummer Zwei

Die dünne Brühe mit Ravioli könnte schmecken, hätte ich nicht den Verdacht, die Ravioli-Füllung bestünde aus durchgedrehten Resten des morgendlichen Formfleisches, allerdings gut gewürzt. Der Hauptgang – Scaloppine al limone - ist eine Frechheit, eine Beleidigung, als müssten wir froh sein, überhaupt etwas zu essen zu bekommen. Es ist kein Kalbfleischschnitzel, was man uns serviert, sondern eindeutig Schwein. Nur die hauchdünne Konsistenz der Fleischscheibe erinnert als einziges an Sacoloppine. Das „al limone" kommt nicht

von der Marinade und einer mit Wein verfeinerten Soße, sondern ausschließlich durch eine aufgelegte Scheibe Zitrone. Wie dumm, dass wir in diesem Ort ohne Restaurant untergebracht sind. Aber Gott sei Dank haben wir ja mittags auf eigene Rechnung gut gegessen. Der Esslöffel Erbsen und ebenso totgekochter Möhren kann mich nicht entschädigen. Dass mein Teller fast unberührt abserviert werden muss, interessiert niemanden. Auch das Dessert reißt mich nicht vom Stuhl: eine senffarbige Masse mit leichtem Mokkageschmack mit einem eingetunkten Keks. In der lachsfarbigen Kunststoffschale sieht das aus wie……

Ich dusche vor dem Schlafengehen und merke erst am nächsten Morgen, dass der Duschkopf tropft. Die Wassertropfen springen in die nahezu niveaugleiche Duschtasse und dann weiter vor die Toilettenschüssel. Weil die Dusche sehr knapp durch einen Vorhang von der Toilette abgetrennt ist und ich ihn nach dem Duschen nicht geschlossen habe, sind beim nächtlichen Toilettenbesuch die Bodenfliesen nass und glitschig. Fast wäre ich ausgerutscht. Aber das Tropfen lässt sich nicht abstellen; deshalb lege ich das Bodentuch vor die Toilette, dass es die Nässe aufsaugt und Bernhard signalisiert, dass es hier nass ist.

Tag 25. 8. Samstag

Der Morgen begrüßt uns verhalten mit bedecktem Himmel. Ob sich das bessert? Ein paar Internet-Freaks berichten von einer Regenwahrscheinlichkeit von 90 Prozent für den Abend. Ohje. Heute ist der eigentliche Thema-Tag dieser Reise: Gardasee & Verona mit Oper in der antiken Arena. Wir sind zu spät beim Frühstück. Der Käse ist bereits leer gegessen und es wird auch keiner nachserviert. Das Formfleisch lächelt schlaff und grau vor sich hin, weil es sich zumindest von mir ignoriert fühlt. Dafür geht der Kaffeeautomat wieder. Sonst alles, wie am ersten Morgen. Nur die Kuchenstückchen sind noch einen Tag älter geworden.

Schon am Vorabend haben wir uns eine Halbliter-Plastikflasche mit Rotwein vom Abendessen gefüllt, weil wir hörten, dass alles in der Arena erlaubt sei, nur kein Glas. Angeblich könne man eher einen Menschen mit dem Teleobjektiv erschlagen, als ihn mit einem Trinkglas verletzen. Wir haben einen Zahnputzbecher aus Kunststoff dabei und die Regenjacken. Für alle Fälle. Auch die kleinen Taschenmesser und Nagelfeilen sollen zuhause bleiben. Die Anfahrt in den Süden des Gardasees dauert länger, das war klar. Aber der

Busfahrer erklärt, dass er eine andere Strecke fahren würde. Wir merken den Unterschied nicht, weil die Region wirklich lückenlos ausgefüllt ist mit Weingärten und Apfelplantagen, was uns auch heute in den zwei Stunden nicht langweilig erscheint. Schwarze Netze über den Golden Delicius sollten vor Hagel schützen. Hagel? Der Himmel verdunkelt sich immer mehr. Die Reiseleiterin erzählt dies und das; aber ihr komisches Deutsch stört die Konzentration auf das Gehörte. So schmökere ich lieber in meinem Reiseführer über Verona und über unseren ersten Ausflug auf Sirmione.

Halbinsel Sirmione

Erst vor kurzem las ich eine Reportage über den Ort, in dem ungefähr 8.000 Einwohner leben. Er gehört zur Provinz Brescia, Region Lombardei. Das historische Zentrum hat die Form eines Dreiecks mit der größten Seitenlänge von 1250 m und einer Breite von 750 m.

Auch hier gibt es eine Scaligerburg* am Übergang vom Festland zu der schmalen Landzunge. Mit einem großen Hafenbecken und einer Ringmauer schließt das Städtchen vom Festland ab.

*Scaliger wird das Geschlecht derer von Scala genannt; ihr Begründer Mastino I. della Scala (gestorben 1277 in Verona) war von 1260 bis 1277 der „Herr von Verona". 127 Jahre lang herrschten die Scaliger über diese Stadt. Wie schon in Malcésine bauten sie an einem alten Römerkastell weiter, auch um den Hafen vor Eindringlingen zu schützen. Wir wollen uns die Burg nach unserer Bootsfahrt ansehen. Immerhin sind drei Stunden für Sirmione eingeplant.

Zurück zu jener Reportage, nach der mir die Lust zu diesem Ausflug eigentlich verging. Einwohner beschwerten sich, dass sich der Ort ganz und gar dem Tourismus verschrieben habe und nun den Rückwärtsgang nicht mehr finden konnte. Täglich würden sich Touristenmassen durch die engen Gassen wälzen. Die Prominenz sei schon lang verschwunden und die Villen würden als teure Ferienwohnungen vermietet. Auch Michael Schumacher hatte eine Villa, an der wir sogar vorbeifahren. Die Einwohner selbst könnten sich weder die Mieten noch normale Einkäufe leisten, weil sich alles am Tourismus orientiere. Also ähnlich wie auf unserer deutschen Insel Sylt. Fast geniere ich mich, als wir auf einem riesigen Busparkplatz aussteigen. Alleine 14 Trendtours-Busse zähle ich und noch viele anderer Veranstalter.

Wir reihen uns in eine breite Karawane von

Menschen ein. Schon im Bus haben wir je 7,50 Euro für eine einstündige Bootsfahrt rund um die Halbinsel bezahlt. Immerhin stehen wir da niemandem im Wege und die Skipper haben ihren Verdienst. Weil es ein wenig tröpfelt, ziehen wir schon unsere Regenjacken an. Violetta treibt uns unermüdlich an den Bootssteg. Hier mühen sich einige junge Leute damit, ihre Plane über das Boot zu montieren. Irgendwie klappt das mit den Reißverschlüssen nicht auf Anhieb. Ich frage Violetta, ob das wirklich eine gute Idee sei, bei aufkommendem Regen mit dem Boot hinauszufahren. Aber sie lacht nur: Da sei doch ein Dach drauf. Nur zögernd steige ich ein. Ich will kein Spielverderber sein. Außerdem: Unser Geld kriegen wir garantiert nicht zurück, wenn wir die Bootsfahrt ausfallen lassen.

Eine Seefahrt...

...ist nicht lustig, wenn die Kunststofffenster innen vom Atem der Passagiere beschlagen und von außen der abperlende Regen keine Sicht freilässt. Auf das Boot passen gerade zwanzig Leute. Schon beim Losfahren realisieren wir, dass dies eine Schnapsidee war, die wir unserer Reiseleiterin zu verdanken haben. Sie selbst fährt nicht mit. Was nun auf uns zukommt, wirkt wie ein Alptraum. Anfangs tropft es nur an einigen Stellen durch. Wir setzen unsere Regenkapuze auf. Doch der Regen wird stärker und stärker. Er läuft auf die Sitzpolster, so dass wir nur noch stehen können. Einige spannen den Regenschirm auf. Das muss man sich vorstellen: im geschlossenen Boot mit Regenschirm. Trotz lautstarker Meuterei ziehen die Jungs aber ihr Ding durch und brausen die

Uferlinie entlang, während sie sich gegenseitig Kommandos geben, wo das Wasser eine Beule im Verdeck macht. Mit Besen und Händen drücken sie die Wasserbeulen weg, weil das Verdeckt nicht fest genug gespannt ist. So geht das wahrlich eine Stunde bis wir wieder am Steg ankommen. Draußen steht lächelnd Violetta und fragt, ob es schön war. Meine gute

Erziehung schützt sie davor, dass ich sie nicht einfach vom Steg schubse.

Sie verkündigt, dass wir nun freie Zeit hätten. Um 14.30 Uhr sei die Abfahrt auf dem Busparkplatz nach Verona. Sie verschwindet. Wir suchen einen trockenen Platz und folgen den Menschenmassen an der Scaligerburg vorbei in die enge Altstadt. Außer Boutiquen, Eis- und

Souvenirläden reihen sich offene Restaurants unter großen Marktschirmen. Alle Plätze scheinen gefüllt. Vom Himmel regnet es Hunde und Katzen. Schließlich retten wir uns doch auf zwei freie Plätze in einem der Straßenrestaurants. Das ist Sirmione. Das war Sirmione. Wir sehen nichts. Wir wissen nichts. Ob wir noch etwas von der Burg sehen werden, hängt vom Service des Restaurants ab. Er läuft nicht rasend schnell aber auch nicht künstlich verlangsamt. Ich erzähle Bernhard von jener Reportage und dass ich den Regen als gerechte Strafe empfinde, dass ich den Ort wider besseren Wissens überhaupt besucht habe. Wir sind hier Fremdkörper. Willkommen sind wir nur in den Läden, nicht bei den Menschen, denen wir die Lebensqualität rauben. Aber Trendtours ist das wohl völlig egal. Wie kann man diesen verratenen Ort heute noch auf ein Besuchsprogramm setzen. Banausen. Und die, die das buchen, auch.

Weiterfahrt nach Verona

Der Regen lässt nach und wir schöpfen Hoffnung, dass der Guss der letzten drei Stunden die Wolken leer regnen ließ. Der Bus hält wieder auf einem riesigen Busparkplatz, auf dem alle Busse parken, die Opern-Besucher ankarren. Hier stehen die Opern-Kulissen von Aida, bunte hohe Säulen. Da das Programm manchmal täglich wechselt, werden die Kulissen irgendwo in der Stadt untergebracht; auch als Fotomotiv und Lockmittel für die Besucher.

Uns wird pro Person ein Euro für einen Shuttle abgeknöpft, der uns in die Stadt bringen wird. Es ist nicht weit, aber so läuft eben das

Programm von Violetta. An der Haltestelle sollen wir uns nach der Oper wieder treffen, um mit dem Shuttle zurück zum Bus zu fahren.

Im Konvoi traben wir hinter Violetta her und landen gleich um eine Ecke an der antiken Arena. Riesige Rosen stehen als Kulissenteile am äußeren Rand der Arena. Die gehörten zum Barbier von Sevilla, hören wir. Aber heute ist ja Carmen dran. Violetta hat die Eintrittskarten ausgegeben: Wir sollen uns vor Eingang 6, 11 oder 15 platzieren. Freilich wird man mittels eines Detektor-Tores gecheckt, das koste schon etwas Zeit. Aber vor 19.30 Uhr bräuchten wir uns nicht anzustellen. Wir haben ja Karten im Sektor D. 22,50 Euro. Das sind die billigsten Plätze; je weiter vorne und unten geht es aufwärts mit den Preisen von 61 Euro auf 76 Euro, 98 Euro und 113 Euro. Wir sitzen also, wie man bei der Eisenbahn sagte, in der Holzklasse auf den blanken Steinen.

Die Arena

Sie wurde etwa 30 nach Christus errichtet und lag damals außerhalb der römischen Stadtmauer Veronas. Zu der Zeit fasste sie über 30.000 Zuschauer und wurde für Gladiatorenkämpfe und andere Wettkämpfe genutzt. Nach einem Erdbeben 1117 wurden der größte Teil des

Außenrings aus weißem und rosa Kalkstein (aus Valpolicella) zerstört und die Bruchsteine zum Ausbau der damals mittelalterlichen Stadt weggetragen. 1278 sei die Arena Schauplatz der letzten großen Katharer-Hinrichtung gewesen. Katharer waren Anhänger einer radikalen Strömung des mittelalterlichen Christentums, die vom 12. bis 14. Jahrhundert in Frankreich,

Spanien, auch Deutschland, aber auch in Italien verbreitet waren. In Italien flüchteten sie sich nach Sirmione, wurden aber von den Römern bei der Eroberung der Halbinsel gefangen genommen und in dieser Arena verbrannt.

Erst seit 1913 wird das Bauwerk auf Grund seiner hervorragenden Akustik als Konzertstätte genutzt. Nun finden in den Monaten Juni,

Juli und August regelmäßig Opernaufführungen statt. Heute passen noch 14.500 Besucher hinein, sagt Violetta. Im Internet lesen wir, dass es nur 13.500 seien. Anlässlich jeder Opernsaison kämen circa 500.000 Zuschauer.

Ursprünglich hatte die Arena eine Größe von 152 Meter × 123 Meter. Heute sind es nur noch 138 Meter × 109 Meter, bei einer Höhe von genau 24,1 Meter. Damit ist die Arena in Verona immer noch – nach dem Kolosseum in Rom und der Arena von Capua – das drittgrößte der erhaltenen antiken Amphitheater. Die 45 Stufenränge des Zuschauerraums sind jeweils etwa 45 Zentimeter hoch und tief.

Verona

Die zu Venetien gehörende Provinzhauptstadt an einer Schleife der Etsch zählt zu den bedeutendsten Kunststädten Italiens. Sie beherbergt knapp 260.000 Einwohner und gehört zum Weltkulturerbe. Hier vereinigen sich die Spuren verschiedener Epochen. Zwei Mauern betonen die Trennung zwischen dem römischen Teil und dem inneren Stadtring im Stil der österreichischen Renaissance. Die Herrschaft der Scaliger hinterließ Spuren wie kunstvoll geschmückte Tore, Paläste, Brunnen und das weiße Pflaster auf der Piazza delle Erbe.

Der Hauptanziehungspunkt nach der Arena ist wohl Julias Haus und der berühmte Balkon. Er befindet sich in der Via Cappello Nummer 23 in einem mittelalterlichen Turmgebäude im Innenhof. Die Wände des Durchgangs zum

Hof sind gepflastert mit Liebesschwüren auf unzähligen Zetteln, als könne die Anwesenheit an jenem Ort ewige Liebe garantieren. An einer Bronzestatue der Julia, unter dem berühmten Balkon, lassen sich Liebespaare fotografieren

und polieren mit ihren Händeabdrücken Julias Busen blitzblank. William Shakespeare, der große englische Dramatiker, durch den Verona und die Tragödie Romeo und Julia berühmt wurde, war angeblich selbst nie in Verona gewesen. Auch wenn die beiden Liebenden wahrscheinlich nie existiert haben, bleibt dieser Ort doch für alle Verliebte einer der größten Anziehungspunkte dieser Stadt.

"Außerhalb von Veronas Mauern gibt es keine Welt, sondern Fegefeuer, Marter, Hölle selbst; Von hier verbannt ist aus der Welt verbannt und solcher Bann ist Tod. Drum gibst du ihm den falschen Namen. Nennst

du Tod Verbannung, Enthauptest du mit goldnem Beile mich und lächelst zu dem Streich, der mich ermordet." Schrieb William Shakespeare

Wir versammeln uns am Bra-Platz, direkt vor der Arena. Hier stehen noch ein Stück Stadtmauer aus dem 12. Jahrhundert und das Rathaus, ehemals Regierungspalast der Habsburger, erzählt uns die Violetta und kündigt eine professionelle Stadtführerin um 17 Uhr an. Solange könnten wir uns auf eigene Faust umsehen. Sie verschwindet wieder einmal. Uns ist das ganz recht, denn wir sind auf der Suche nach einer Einkaufsmöglichkeit für Wurst, Käse und Obst für das nächste Frühstück. Da Verona wie viele römische Städte parallel verlaufende Straßen besitzt, machen wir uns auf, so ein Quartier abzugrasen. Und tatsächlich finden wir relativ schnell eine Macelleria, eine Metzgerei, sogar mit Käseabteilung. Und auf der Theke stehen noch die von uns geliebten Tiralli, kleine gebackene Teigkringel, eigentlich eine Spezialität aus Apulien. Auch davon nehme ich eine Tüte mit in die Arena zum Knabbern. An einem Stand kaufen wir zwei sündhaft teure Äpfel; wahrscheinlich aus Neuseeland, mutmaßen wir. Und das inmitten des Südtiroler Apfelparadieses. Aber wir können uns hier nicht anders bewegen als stinknormale einfältige Touristen. Und unsere Verkäufer, die auf mein Italienisch englisch antworten, sehen sehr thailändisch aus. Egal.

Wir sind rechtzeitig zurück auf dem Bra-Platz, was so viel wie „breite Stelle" heißen soll. Leider fällt der Rundgang mit unserer Führerin Monika so ziemlich ins Wasser. Noch während wir uns auf den Julia-Balkon einstimmen las-

sen, können wir uns nur noch unter das Dach eines Schaufensters retten. Kurz vorher waren wir am Rathaus-Turm und seiner prächtigen Treppe.

Einige von uns haben sich bereits Sitzkissen gekauft, die hier von fliegenden Händlern angeboten werden. Wir hörten von Violetta, dass unsere Plätze auf Steinstufen seien. Das ficht uns nicht an. Wir haben jeder einen Pullover im Rucksack, der uns als Sitzkissen dienen kann.

In der Piazza dei Signori steht die nachdenkliche Statue von Dante Alighieri. Während seines Exils, fand der Dichter und Philosoph (Die Göttliche Komödie) Zuflucht im Palazzo del Governo, wie es auf der Inschrift im inneren des Tores der Präfektur geschrieben steht. Ugo Zannoni, Schöpfer der Statue, drehte den Kopf Dantes hin zum Palazzo Governo, Wohnplatz der einflussreichen Scala-Familie, die ihn während seines Exils beschützte. Die drei berühmten Grabmäler der Scaliger aus dem 14. Jahrhundert gehören zu den ältesten nachantiken Monumentaldarstellungen ihrer Art. Sie befinden sich zwischen der ehemaligen Residenz der

Stadtherren von Verona und der kleinen Kirche S. Maria Antica. Das Grabmal des Cangrande I. († 1329) kragt am Nordportal der Kirche unter einem Baldachin hervor. Zwei Hunde halten das Wappen der Scaliger, eine Leiter. Darüber liegt der aufgebahrte Scaliger, eine Kopie natürlich. Das Original stürzte 1907 ab

und steht nun im Museum Castelveccio. Das Grabmal des Mastino II. († 1351) ließ sich dieser schon zu Lebzeiten bauen; es ist ein freistehendes Baldachingrab auf vier Säulen. Das Grabmal des Cansignorio († 1375) steht auf einem sechseckigen Grundriss, umgeben von sechs heiligen Rittern.

Die gute Monika erzählt engagiert noch vieles über Verona und ihre berühmten Bürger und Edelleute; aber der immer wieder aufbrechende Regen macht alle Mitschreiberei unmöglich. Irgendwann lassen wir uns nur noch die Richtung zur Arena zeigen und hoffen auf Gnade von oben. So kann es gehen, an einem Regentag in Verona. Das hatten wir uns anders vorgestellt. Aber diesen Vorwurf können wir Trendtours nicht machen.

Noch zwei Stunden bis zum Anstehen für die Arena. Ausnahmsweise regnet es mal nicht. Die leichte Abkühlung ist durchaus angenehm. Wir suchen Platz in einem Straßencafe in der Nähe des Eingangs Nummer Sechs. Nein, essen können wir jetzt nicht schon wieder; sonst wirkt womöglich in der Oper die Fressnarkose. Wir retten uns mit einer Groß-Bestellung, Due Espressi, un mezzo Aqua minerale con gas, due bicciere (Gläser) Vino rosso. Damit lassen sich zwei Stunden überbrücken, ohne wie Sitzplatz-Schmarotzer auszusehen. Und die Toilette ist auch in der Nähe.

Wie man uns sagte, ziehe sich für die Oper niemand fein an. Dem entsprechend tragen wir Jeans, Bluse, Regenjacke und Rucksack. Trotzdem sehen wir erstaunlich viele Damen mit feinen kurzen und langen Kleidchen und Stilettos, Männer mit Smoking oder Anzügen. Wer ist nun eigentlich falsch vorinformiert? Freilich, die meisten Zuschauer sind wie wir gekleidet. Auf dem Platz tummeln sich immer mehr fliegende Verkäufer mit Regenjacken, bunten Plastikverschlägen. Irgendwie wird es Bernhard wohl mulmig und er kauft sich auch so eine blaue Regenhaut. Immer nach dem Motto: Wenn man sie hat, braucht man sie nicht.

An den verschiedenen Eingängen drängen sich inzwischen die Besucher in langen Schlangen. Aber es passiert nichts. Zwar steht Kontroll-personal bereit, aber die rot-grünen Leuchten an den mobilen Kontroll-Toren leuchten nicht. Deshalb bremse ich Bernhard weiter aus, der sich am liebsten schon anstellen möchte. Dann, um 19.30 Uhr geht es tatsächlich los. Die ersten Besucher werden kontrolliert und betreten den äußeren Ring der Arena. Wir zahlen und stellen uns auch an, in aller Ruhe. Die Kontrolle ist nach meinem Ermessen ziemlich lasch. In meinen Rucksack will niemand schauen. Das Tor piepst bei mir nicht, obwohl ich sicher Metallisches in mir habe. Speziell meine Schuheinlagen bringen die Kontrolleure auf den Flughäfen jedes Mal zur Verzweiflung.

Es geht los. Fast.

Mit wenigen Schritten sind wir in der Arena und tasten uns die Stufen hoch. Die Eintritts-karten werden abgerissen. Man zeigt mit dem Arm die Richtung, in die wir uns bewegen sollen. Eine Nummerierung gibt es nicht. Also suchen wir uns im Sektor D zwei freie Plätze. Wie angenehm: Wir sitzen direkt vis á Vis der

Bühne, wenn auch fast ganz oben. Die Akustik soll trotzdem überall fantastisch sein. Noch ist die Arena drei Viertel leer. Sie füllt sich nur langsam, dass wir argwöhnen, es sei nicht genügend Publikum da.

Wir richten uns ein. Rucksack zwischen die Unterschenkel, Pullover in einer Kunststoffhülle der Regenjacke und darauf gesetzt. Rotwein und Tiralli griff-
bereit, nehmen wir einen ersten Schluck und fühlen uns ganz wie zuhause. Es beginnt zu Nieseln. Ganz leicht. Vor uns gehen Regenschirme auf. Wir ziehen uns die Kapuzen der Regenjacke über den Kopf. Das bisschen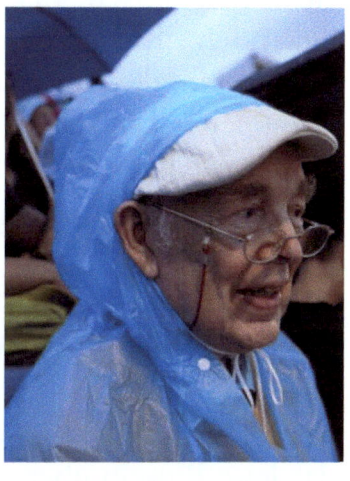
Wasser. Die Ränge füllen sich mehr und mehr. Auch unten, da wo richtige Stühle aufgestellt sind, füllen sich die Reihen, wenn auch zögernd. Der Einzug von ganzen Gruppen in feiner Kleidung lässt uns ahnen, dass es sich hier um Prominenz handeln könne. Um uns herum sind alles Deutsche. Direkt hinter uns kommentiert eine Oberbayerin, was wir nur

leise denken. „Hoffentlich helts Wedda. Wemma scho mol do sän!"

Es dämmert. Beim Blick auf die Scheinwerfer sehen wir, dass es inzwischen Schnürl regnet, wie der Salzburger sagt. Bernhard zieht sich seine neue Regenhaut an. Sie ist zwar mantellang, aber im Sitzen zieht es sie über den Beinen auseinander. Wir breiten Bernhards Regenjacke über unsere Bein und bitten die vor uns Sitzenden, ihren Schirm so zu halten, dass er den herabfallenden Regen nicht auf unsere Beine leitet. Sie schließen den Schirm und verharren wie wir brav unter den Regenkutten.

20.45 Uhr. Eigentlich sollte die Oper jetzt beginnen. Im Orchestergraben regt sich nichts. Von oben rieselt der Regen. Eine Durchsage bittet uns um Geduld; die Musiker müssten ihre wertvollen Instrumente schützen. Klar, verstehen wir doch. Gegen 21 Uhr verstummt das leise Rieseln über unseren Köpfen. Auf der Bühne tauchen vier Personen mit Wischmops auf und feudeln das Wasser weg. Auch im Orchestergraben wird geputzt und gewischt.

Um 21.15 Uhr tauchen drei junge Damen auf der Bühne auf, eine mit einem riesigen Gong, den sie erwartungsfroh erklingen lässt. Das Publikum – inzwischen ist die Arena zu drei Vierteln gefüllt – klatscht frenetisch. Im Orchestergraben wuseln Figuren mit weißen Hemden und schwarzen Jacken. Da wurde unsere Geduld ja nicht auf die lange Bank gespannt. Violetta hatte uns auf den Weg mitgegeben, dass wir bei Regen nicht so schnell aufgeben sollten. Selbst nach 90 Minuten könne die Oper noch beginnen. Man sei hier etwas großzügiger. Wer vorher ginge, erhalten sein Geld nicht zurück.

Die zwei Damen vor uns berichten, dass sie im Internet von Starkregen ab 22 Uhr gelesen hätten. Wie auf Stichwort beginnt erneut Regen. Nicht nur ein bisschen, sondern richtig kräftig. Wir kuscheln uns unter Bernhards Regenjacke und beteuern uns, dass wir trocken und warm säßen. Wie zum Trotz hole ich die kleine Weinflasche und den Becher aus dem Rucksack und wir trinken uns einen gemütlich. Wir sind bester Laune, während es um uns grummelt. Auch die Bayerin hinter uns mault. Neben uns geben zwei auf und verschwinden. Wie auf Zuruf kommen zwei junge Männer die Steintreppen hoch, erblicken die freien Plätze und setzen sich nieder.

22.10 Uhr. Der Regen hört auf. Auf der Bühne taucht wieder das Team mit den Wischmops auf. Im Orchestergraben wird gewischt und gefeudelt. Erste Notenständer werden aufgebaut.

Die Lautsprecherstimme bittet in drei Sprachen – italienisch, englisch, deutsch – um Geduld. Dann tänzelt wieder ein Reigen junger Mädchen über die Bühne. Und wieder erklingt verheißungsvoll der Gong. Wir klatschen wie die Wilden, als ließe sich der mögliche Regen damit vertreiben. Die Reihen auf den Rängen und unten im Foyer sind zwar schon etwas gelichtet, aber die Begeisterung des Publikums ist ansteckend. Geht es jetzt los?

22.15 Uhr. Erst ist es nur zu hören. Aber im Blick zu den Scheinwerfern sehen wir die dicken Streifen, die den Nachthimmel begießen. Es regnet stärker als jemals zuvor an diesem Abend. Die Musiker packen wieder ein. Besucher verlassen nun scharenweise die Arena. Um uns wird es licht und leer. Die Bayerin hinter uns flucht wie ein Rohrspatz und beschimpft ihren Mann, wie er nur auf diese blöde Idee hat kommen können. Wir lächeln uns an, holen den letzten Rotwein aus dem Rucksack und trinken abwechselnd.

22.20 Uhr. Wir geben auf. Der Pullover unter meinem Allerwertesten ist zum Auswringen pitschnass trotz Plastiktüte. Der Rotwein ist alle. Außer unseren Hinterteilen sind wir noch trocken. Das ändert sich aber schlagartig, als wir uns erheben und die Steintreppe zum Ausgang hinuntersteigen. Genau in diesem Moment ergießt sich ein Wolkenbruch über uns, dass wir hinterher wissen, was es bedeutet, keinen trockenen Faden mehr am Leib zu spüren.

Außerhalb der Arena versuchen wir uns zu orientieren, wo wir aus dem Shuttle gestiegen sind. Dort wollten wir uns alle wieder treffen. Die meisten unserer Leute sind schon da; sie hatten früher die Fliege gemacht als wir. Aber was nun? Ein junger Mann unserer Reisegruppe kommt hinzu. Er habe mit der Reiseleiterin gesprochen. Die sitze mit weiteren Gästen in einer Pizzeria und warte dort, bis der Shuttle zum Busbahnhof fahren würde. Der Shuttle wiederum würde frühestens um 0.30 Uhr fahren; so sei das ausgemacht. Der Shuttle-Betreiber ist wohl nicht in der Lage, flexibel früher zu kommen, wenn die Vorstellung ganz ausfällt wie heute. Auch unsere Leiterin, so erzählt der Mann, wolle in der Pizzeria abwarten, bis der Shuttle wieder fahren werde. Wir sind entsetzt. Sollen wir hier zwei Stunden im Regen herumstehen, während unser Bus in erreichbarer Nähe zur Verfügung steht?

Eine unserer mitreisenden Frauen fordert uns auf, zu Fuß zum Bus zu gehen. Sie kenne den Weg. Das seien keine zehn Minuten, freilich durch strömenden Regen. Wir überlegen nicht lange und marschieren los in der Hoffnung, dass der Busfahrer im Bus sein werde. Er ist.

Die Türen öffnen sich für uns erlösend. Wir sind im Trocknen. Aber wir sind alle pitschenass. Sollen wir nun wirklich zwei Stunden so nass herumsitzen, bis sich die Reiseleiterin zu uns bequemt? Der Busfahrer stellt erst mal die Heizung an und macht sich dann auf den Weg zu jener Pizzeria. Wir könnten jetzt einen heißen Kaffee trinken, aber ich habe Sorge, dass das zu sehr „treibt". Eigentlich könnte ich jetzt schon Pipi machen. Wir sitzen wie Heringsfilet in eigener Soße. Ich habe im Bus zwar eine trockene Jacke, aber so über die nassen Sachen? Ich liebäugle damit, meine nasse Jeans einfach auszuziehen. Aber kriege ich die später wieder an, wenn es ans Aussteigen geht?

23.57 Uhr. Die Reiseleiterin trifft mit dem Busfahrer und sieben weiteren Gäste am Bus ein. Der Busfahrer hat sie also motivieren zu können, ebenfalls zu Fuß zu gehen, statt auf den blöden Shuttle zu warten. Als Violetta beginnt, etwas erklären zu wollen, wird sie lautstark ausgebuht. Alle sind sauer auf sie. Sie probiert es noch einmal, wünscht uns einen schönen Restabend und erntet weitere Buhs. Nun beschränkt sie sich nur noch darauf, uns die Abfahrtszeit für die Bozen-Tour am nächsten Tag

zu sagen und schweigt. Noch bevor sie zurück-
kam, haben einige beschlossen, diese Tour
nach Bozen mit ihr nicht mitzumachen; auch
wenn sie bezahlt sei.

Bis zum Hotel sind es weitere zwei Stunden.
Zur allgemeinen Beruhigung reiche ich meine
Tüte mit Tiralli nach hinten. Und dann bemühe
ich mich, einzuschlafen, damit ich nicht an
meine gefüllte Blase denken muss. Wir haben
zwar eine Bordtoilette, aber die will ich wirklich
nur für den Notfall ins Auge fassen. Wir sitzen
also seit dem Verlassen der Arena mehr als vier
Stunden klitschnass und befürchten Erkältun-
gen und Schlimmeres. Am Hotel steigen alle
mit vernichtenden Blicken auf Violetta aus.
Kein Gute Nacht-Gruß gilt ihr. Vielleicht sind
wir auch nur sauer, weil wir uns auch von ihr
als Reisende allerletzter Klasse behandelt fühlen dürfen. Hauptsache, das Trendtours-
Programm sei eingehalten. So war es mittags
mit dem Schiff auf dem Gardasee und nun also
auch noch das. Ein deprimierendes Gefühl. Ich
renne aufs Zimmer, weil ich denke, dass meine
Blase gleich platzt. Ich schwöre: Trendtours,
never again,

Im Nachhinein war dies vermutlich für ganz
Europa der einzige Tag innerhalb von zwölf
heißen Wochen, an dem es regnete. Und gleich

so stark. Und wir mitten drin. Dafür kann Trendtours nichts.

4. Tag

Die Sonne ist wieder voll da, als sei der gestrige Tag nicht gewesen. Wir fahren nach Bozen. Im Bus sind nicht mehr als zwölf oder vierzehn von 48 Leuten. Eine richtig kleine Gruppe. Violetta begrüßt uns und erntet keinen Gegengruß. Wie zur Versöhnung liest sie uns einen Text vor, in dem es auch noch um Vorsicht und Rücksicht geht. Selbst einen hysterischen Kiekser verschlucken wir. Wir sind verblüfft, dass sie anscheinend nicht merkt, wie unpassend dieser Vorlesetext ankommt. Niemand spricht mit ihr. Niemand beantwortet ihre Fragen. Wir lassen sie nun einfach labern. Und auch ich habe nicht mitgeschrieben, was sie uns vorträgt. Die Art und Weise klingt sowieso wie abgelesen. Erst heute fällt mir auf, dass sie seit Tagen anstatt Land immer „Lend" sagt. Vermutlich hat sie erst Englisch gelernt und dann Deutsch. Egal. Es fällt halt nur auf und dann fragt man sich nach Kompetenz und ob sie das, was sie uns auf Deutsch erzählt, auch wirklich versteht oder nur stupide abliest. Ich bin überzeugt, dass sie überaus schlecht bezahlt wird vom Veranstalter. Aber wäre es nicht besser, so einen Vertrag abzulehnen, von dem man weiß, dass man ihm nicht gerecht werden kann? Wie anders war das in Apulien. Angelina unterhielt uns in jeder Lebenslage im Bus, verriet uns sogar ihr Rezept für Limoncello und plauderte aus ihren privaten apulischen Leben, als wären wir ihre Freunde. Selbst Busfahrerin Anna grölte uns gekonnt den Adriano Celentano, wenn es langweilig wurde. Von Violetta geht kein Gefühl über. Es ist ein Job. Sicher ein schlecht bezahlter Job. Außerdem sind wir vermutlich eine der letzten Gardasee-Touren, weil ja auch die Opern-Saison in einer Woche vorbei ist. Opfer sind nicht nur wir, sondern auch sie.

Bozen

Die Landeshauptstadt von Südtirol (106.000 Einwohner) liegt am Zusammenfluss von Eisack, Etsch und Talfer und mit direktem Blick auf die Dolomiten-Bergmassive Schlern und Rosengarten, die bei guter Sicht ganz nah erscheinen. Noch vor wenigen Tagen sahen wir den Schlern grau vom Grödner Tal aus. Heute ist er – wohl nach diesem scheußlichen Regentag in Verona – mit Schnee eingestäubt wie die Puderzucker-Haube eines Kuchens. In Bozen sprechen 70 Prozent italienisch, 30 Prozent deutsch. Wir hatten ernsthafte Verständigungsprobleme bei der Übernahme eines

Leihwagens, den wir zwar bei Sixt gebucht hatten, aber letztlich beim hiesigen Franchisepartner Win-Rent abholen mussten. Der Mann sprach schlechter Deutsch als ich Italienisch und sein Englisch war so miserabel, dass ich selbst ins Schlingern kam.

Im mittelalterlichen Stadtzentrum befindet sich das Südtiroler Archäologiemuseum mit der Gletschermumie "Ötzi" und der Dom Maria Himmelfahrt im romanischen und gotischen Stil. Weitere Sehenswürdigkeiten sind das Waaghaus am Kornplatz von 1634, die Domschatzkammer am Pfarrplatz, Mustergasse und Musterplatz, einst Wohngegend der angesehenen reichen Bürgerfamilien mit ihren Palazzi: Campofranco, Menz, Pock mit dem heutigen Gasthaus Zur Kaiserkron' sowie die Laubengasse. Soweit aus dem Internet.

Ausflug auf den Ritten

Laut Trendtours-Programm schweben wir in zwölf Minuten mit der Seilbahn nach Oberbozen auf den Ritten, auch Sonnenplateau von Bozen genannt. Hier oben gibt es viele Wanderwege, auch Mountainbike-Trails. Wir nehmen ab Oberbozen die Historische Schmalspurbahn nach Klobenstein. Außer der herrlichen Aussicht auf den eingeschneiten Schlern erfahren wir leider nichts. Erst zuhause sehen wir, dass sich auf dem Ritten jene sagenhaften Erdpyramiden befinden, die in jedem Bozen-Film zu sehen sind. Wie lange braune Finger ragen sie aus der Erde; von Regen und Wind geformt und irgendwie gruselig. Auf einigen liegt auf der Spitze ein Gesteinsbrocken wie ein Hut. Erinnerungen an Kappadokien werden wach. Gesehen haben wir die Erdpyramiden nicht.

Wir besteigen wieder den Bus und werden zum Gasthof Lengmoos Sporthotel gefahren. Die Erdpyramiden wären hier ganz in der Nähe gewesen, wenn wir es gewusst hätten. Dort sei Kaffee und Kuchen inkludiert. Weil es Mittagszeit ist, bestellen wir auf eigene Kosten eine frisch gegrillte Forelle. Sie wird nach superkurzen fünf Minuten serviert und sieht aus und schmeckt, als sei sie schon länger frisch gegrillt und nur noch mal in der Mikrowelle aufgewärmt. Wir versuchen mit dem Wirt darüber zu reden, aber er schwört, dass sie frisch gegrillt sei, als wüssten wir nicht, wie lange die Grillzeit für eine Forelle dauert. Abgehakt. Gut essen können wir zuhause.

Aber nun interessiert es mich doch, was uns auf Trendtours-Rechnung als Kuchen serviert werden soll. Das braune Etwas auf meinem

Teller nennt sich „Tiramisu Zitrona". Es schmeckt wie es aussieht: Unterbau aus Kuchenresten, getränkt mit Fanta, darüber die dünne Schicht einer schwachen Kakaocreme und oben eine Schicht Sahne. Ich will gar nicht wissen, wie viel sie dafür bezahlt bekommen. Essen muss ich das gewiss nicht. Nur fotografieren.

Bozen-Besichtigung

Der Bus holt uns ab zum Stadtrundgang in Bozen. Obwohl wir ja bereits in Bozen waren, uns hier unseren Leihwagen für unsere vorherige Dolomitentour holten, hoben wir uns Bozen und eine Besichtigung bis zum heuten Tag auf. Aber auch das war ein Satz mit X.

Der Bus hält in der Bahnhofsallee und Violetta führt uns zum Waltherplatz, der das Zentrum Bozens darstellt. In der Mitte steht das Denkmal des Dichters und Minnesängers Walther von der Vogelweide (circa 1170 bis 1230). In Violetta-Deutsch heißt er „Walther, der von Vogelweide". Punkt. Mehr weiß sie nicht vom bedeutendsten deutschsprachigen Lyriker des Mittelalters.

Stadtführung? Fehlanzeige. Dafür sei sie nicht engagiert, sagt Violetta. Sie wüsste auch zu wenig über Bozen.

Dann zeigt sie uns mit Ach und Krach die Laubengasse und empfiehlt den Dom; ansonsten sollen wir uns in einer Stunde wieder am Waltherplatz treffen. Normalerweise ist der Obstmarkt ein pittoresker Ort. Ich kenne schöne Dokumentationsfilme aus den dritten Programmen. Aber heute ist Sonntag. Es gibt nur einen Stand mit Schinken und Räucherwürsten. Sonst tote Hose. Also schlendern wir durch die Laubengasse mit schicken Geschäften, von denen sogar einige geöffnet sind. Die überdachten Fußgängerwege wurden – wie in Meran – dafür gebaut, damit man trotz Hitze im Sommer einkaufen und auch die Waren vor der sengenden Sonne schützen konnte. Wir schauen uns auch den Dom an und beschließen den Tag bei Eis und Roséwein in einem Café am Dom.

Auf der Rückfahrt nach Cavedago bemüht sich Violetta um uns, die wir schon den ganzen Tag recht einsilbig mit ihr umgehen. Sie erntet nur Schweigen. Die meisten sind noch sauer wegen Verona. Auch unsere Sachen waren heute Morgen nicht richtig trocken. Eine Mitreisende will Violetta sogar verklagen, weil sie uns ohne Grund dieser stundenlangen Nässe ausgesetzt hatte, nur weil sie unfähig war, das Programm der ausgefallenen Vorstellung anzupassen. Ja, das Leben als Reiseleiterin ist nicht einfach. Nicht einmal ein Trinkgeld wird sie bekommen; das hat die Mehrheit so entschieden. Ich möchte ihr trotzdem einen Zehn-Euro-Schein beim Ausstieg in die Hand drücken. Aber sie ist verschwunden und ward nicht mehr gesehen.

Nach Hause

Wir packen. Die Heimfahrt verläuft harmonisch, still, fast ohne Stau. In einer etwas längeren Mittagspause gibt es vorher bestellte heiße Bockwürstchen und Krakauer, Brötchen, Saure Gurken. Die Kaffeemaschine hält frischen Kaffee bereit. Der Busfahrer bietet außer Wasser auch Bier, Wein und Sekt an. Wie bei der Anreise gibt es verschiedene Stops, wo Mitreisende sich verabschieden und aussteigen: Ulm,

Stuttgart, Karlsruhe, Mannheim. In Darmstadt kommen wir zwei Stunden eher an, als avisiert. Wir sind auch früher losgefahren und haben kürzer pausiert. Einer hat für den Busfahrer Trinkgeld gesammelt. Vermutlich hat er auch einen Teil dessen erhalten, was ursprünglich für die Reiseleiterin geplant war. Er hat es sich verdient mit seinen stets bereit gestellten kalten und heißen Getränken, seiner Verbindlichkeit und Freundlichkeit. Schließlich hatte er ja auch noch in Verona versucht, mit der Reiseleiterin zu verhandeln, damit wir eher abfahren können.

Im Nachgang recherchiere ich im Internet, wie das gehandhabt wird, wenn eine Opernvorstellung gänzlich ausfällt. ZEIT ONLINE berichtete 1999 von zwei Modellen: Wenn die Vorstellung nach Beginn – also schnell mal die Ouvertüre durchgefiedelt - wegen Regen abgesagt wird, gibt es kein Geld zurück. Wenn wegen anhaltender Schlechtwetterlage jeder Gedanke an eine Aufführung von vorne herein aufgegeben werden muss, gibt es das Geld zurück. Also habe ich bei Trendtours die zwei Mal 22,50 Euro zurück gefordert. Trendtours kann dies ja auch in Verona tun. Aber: Auf meine Mail vom 29. August 2018 erhalte ich die übliche automatische Antwort, man wolle sich „schnellstmöglich" dazu melden. Im Wochentakt erinnerte ich daran. Dann nach sechs Wochen, am 12. Oktober eine Antwort:

Man sei betrübt, dass die Opernaufführung wegen schlechten Wetters ausfallen müsse. „Gerne erstatten wir Ihnen entsprechend der geltenden Rechtslage den Minderungswert Ihrer Reise. Das bedeutet, dass der Reisepreis um den betroffenen Zeitraum zu mindern ist. Der Reisepreis betrug für 2 Personen € 589,00. Daraus errechnet sich ein Tagesreisepreis für 2 Personen von € 115,60. Der Stundenpreis für 2 Personen ist demnach € 4,82. Wir bewerten den Opernbesuch mit 5 Stunden, so dass ein Betrag in Höhe von aufgerundet € 25,00 erstattet werden kann. Die Rückzahlung wird in den kommenden Tagen angewiesen." Das Geld traf am 2. November ein.

Der Bustransfer fand statt durch das Darmstädter Busunternehmen Milli Reisen.

Für das nächste Jahr existieren bei Trendtours bereits aktuelle Buchungsangebot: Acht Tage Rimini für 299 Euro, sieben Tage Österreich für 399 Euro, vier Tage Elsass für 249 Euro, sechs Tage Krakau und Schlesien für 299 Euro. Auch Gardasee und Verona werden angeboten; wie 2018 für 369 Euro, also 20 Euro teurer. Ob das die Sache verbessert?

Weitere Bücher von den Autoren

Norderney im Winter - kein Fall von Toter Hose

Wenn die Weihnachtsbesucher wieder abgereist sind, beginnt auch für die Gäste bis Os-

tern eine reizvolle Zeit, in der sie mit den Insulanern näher zusammenrücken. Fast alles läuft weiter: Kur- und Badeeinrichtungen, Kino, Conversationshaus, etliche Museen und die meisten der typischen Inselrestaurants.

ISBN; 978-3-7392-4299-6, 7,99 €, E-Book 4,99 €

Azoren – wundersame Inselwelt im Atlantik

Der Archipel der neun Vulkan-Inseln ragt aus

den Tiefen des Atlantiks. Wir besuchten die Hauptinsel São Miguel, Horta auf Faial und sehr ausführlich die Insel Pico samt Besteigung des 2.351 Meter hohen Pico, höchster Berg Portugals. Auswanderer-Freunde zeigten uns die reizvollsten Punkte.

ISBN: 978-3-7412-8040-5, 11,99 €, E-Book 4,99 €

Rom – Bernini, Borromini, Caravaggio und viele Skandale

Unterwegs mit einer Kunsthistorikerin erfasste uns die Leidenschaft nach den Kulissen der Antike und berühmter Filme, nach den von Rivalität und tiefem Hass gesteuerten Meisterwerken der Barockbaumeister und nach den Werken Caravaggios, dem wilden cholerischen Maler.

ISBN: 978-3-7448-5660-7, 12,99 €, E-Book 4,99 €

Patagonien – ein aufregendes Ende der Welt

Zwölf neugierige Menschen unterwegs mit SKR auf einer riesigen Distanz. Sie erlebten Buenos Aires, Ushuaia, den Beagle-Kanal, die Naturparks Feuerland und Torre del Paine, Puerto Natales, El Calafate und die Gletscher Gray und Perito Moreno, und auch noch Santiago de Chile und Valparaiso.

ISBN: 978-3-7431-8152-6, 11,99 €, E-Book 5,49 €

Island mit dem Schiff

 Anstatt viele tausend Kilometer auf der unwirtlichen Insel mit dem Auto abzureiten, reist es sich bequem mit Schiff und Bus-und Zodiak-Ausflügen zu den berühmten Sehenswürdigkeiten. In zehn Tagen hat man das Wichtigste stressfrei erlebt und dabei gut geschlafen und exzellent gegessen

ISBN: 978-3-7460-3453-9, 12,99 €, E-Book 8,99 €

Zugspitze: Warten auf Panorama

 Die Aussicht auf 400 Alpengipfel ist weder stündlich noch täglich möglich. Wir beschrieben erlebnisreiche Ausflüge rund um dieses grandiose Zeitfenster, dazu die Varianten, wie man trotz kaputter Seilbahn genussvoll den Gipfel von Deutschlands höchstem Berg erreicht.

ISBN: 978-3-7528-2329-5, 7,99 €, E-Book 4,99 €

Apulien – im Schlaraffenland des Stauferkaisers

Dieser anfängliche trendtours-Alptraum endete

mit viel Begeisterung für Städte, Landschaften und Kulinarik. Wir sahen Matera, Castel Monte, Alberobello, Lecce, Bari, Gallipoli, Martina Franca, Locotorondo, Otranto, Ostuni, Cisternino, die gigantische Castellana Grotte und auch noch Amalfi.

ISBN: 978-3-7528-3887-9, 11,99 €, E-Book 6,99 €

Schicksalsberg Marmolata – mit Fassatal

Das Abenteuer der 18jährigen, die nach 52 Jahren nicht im Fedai-Stausee auftaute. Spurensuche nach einer Gletscherspalte, die es nicht mehr gibt, nach überlebenden Bergrettern, nach den touristischen Pionieren der Dolomiten und des Fassa-Tals. Ein

Reisebericht voller Mystik und kleiner Wunder.

ISBN 978-3-7481-7279-6, 12,99 €, E-Book 8,49 €

35 letzte Geschichten

Dackel-Dialoge für ihren sterbenden Jäger-Pappi

Diese Geschichten von Filou und Heidjer entstanden aus der Hilflosigkeit, dass der Tod unseres schwer erkrankten Nachbars und Freunds nicht mehr abwendbar war. Wir erfanden für ihn Geschichten um seine beiden heiß und innig geliebten Dackel. Täglich eine sollte ihn weiterleben lassen. 35 Tage lang.

ISBN 978-3-7460-9884-5, 7,99 €, E-Book 3,99 €

Marroko preiswert + gut

Ein Königreich für unseren Urlaub. Das klingt verlockend. Aber in einem arabisch-muslimischen Kulturraum ist es erleichternd, wenn unser Reisebericht Sie an die Hand nimmt, beim Besuch von Medinas, Souks und Moscheen und der vier Königsstädte Marrakesch, Fès, Meknes und Rabat.

ISBN: 978-3-7481-9206-0, 13,99 €, E-Book 8,99